M. ALEXIS DE JUSSIEU

ALLOCUTION

Prononcée par M. Paul SAUZET

Dans la séance du 5 décembre 1865 (1)

Les paroles justement applaudies de notre Président viennent de rappeler vos nobles efforts pour honorer la mémoire d'Ampère ; elles éveillent, en même temps, dans mon esprit, et j'ose dire, dans mon cœur, la pensée d'un autre nom que tant de souvenirs rapprochent de ce nom glorieux, et qu'entoure, en ce moment, une récente et funèbre douleur. Vous avez tous reconnu M. Alexis de Jussieu, dont la tombe s'est ouverte, il y a quinze jours à peine, dans un château solitaire du Forez.

M. Alexis de Jussieu n'appartenait pas encore à votre Compagnie, mais l'Académie est la patronne de toutes les célébrités lyonnaises : le nom de Jussieu ne peut jamais lui rester étranger, et elle ne saurait avoir oublié que celui qui le porta si dignement, fut admis par elle à rendre, dans cette enceinte même, hommage à la mémoire d'Ampère. Ce fut lui qui demanda pour cette grande renommée la statue que lui devait la reconnaissance de ses concitoyens. L'Académie voulut bien s'approprier cette patriotique proposition, et ce fut elle qui en saisit directement les magistrats de la cité.

---

(1) M. le Président de l'Académie ayant, à l'ouverture de la séance, rappelé les démarches de la Compagnie auprès de l'administration municipale, pour obtenir l'érection d'une statue à Ampère, M. Sauzet a demandé la parole, et prononcé l'allocution ci-dessus.

Puisque vous avez partagé ses vœux et qu'il a coopéré à vos travaux, vous ne refuserez pas de vous associer à quelques mots d'éloge adressés à son souvenir.

Alexis de Jussieu, né dans les premières années de ce siècle, s'est montré l'un des dignes représentants de cette noble famille, qui fut une des gloires de la cité et une des illustrations de la grande patrie; qui porta, pendant trois générations successives, le sceptre de la botanique française, et dont la dynastie intellectuelle, trônant au Jardin des plantes, régna longtemps sur la botanique européenne.

Après la mort du dernier de ces grands naturalistes, les héritiers de son nom succédèrent à ses belles facultés, mais non à ses goûts, ni à sa carrière. Ainsi, dans les rares exemples d'une longue hérédité de l'intelligence, les descendants aspirent à la couronne de leurs pères, mais ils prennent un autre chemin pour la conquérir, et s'efforcent d'atteindre leurs ancêtres sans les imiter. Le grand Ampère avait fait la gloire de l'Académie des sciences, et son fils a siégé avec honneur à l'Académie française. Ainsi tous les rayons du génie de l'homme s'élancent du même foyer pour nous illuminer par des reflets divers et semblent, par cette diversité même, glorifier mieux encore le souverain auteur de toute science et de toute lumière.

Les Jussieu firent comme J. J. Ampère : ils laissèrent les sciences pour s'adonner à la politique et aux lettres. Le frère aîné d'Alexis, Laurent de Jussieu, qui vit aujourd'hui dans une retraite honorable à Passy, après avoir été, pendant de longues années, député et secrétaire général de la préfecture de la Seine, a servi la cause de la religion et des lettres par d'excellents écrits, qui ont mérité d'être traduits en plusieurs langues, et qui tous ont su plaire et surtout profiter à la jeunesse.

Sa fille, Mme de Challier, mariée à un des officiers distingués de notre marine, a publié aussi divers ouvrages où la sérieuse instruction qu'elle a puisée dans le patrimoine de sa famille, se trouve heureusement alliée à la grâce persuasive qui fait l'apanage de son sexe.

Quant à Alexis, il a figuré parmi les écrivains les plus actifs et les plus brillants de l'opposition libérale qui marqua les dernières années de la Restauration. Son style est vif, ardent, empreint même quelquefois d'une verve mordante, mais les entraînements de sa polémique ne s'attaquèrent jamais à l'honneur des personnes. Il savait respecter ses adversaires et ceux-ci le respectaient à leur tour. Il eût pu redire, au déclin de sa carrière, le beau vers que Crébillon prononça le jour de sa réception à l'Académie française, empressée d'applaudir dans notre grand tragique cette douceur intime des mœurs privées, contrastant avec les sombres et palpitantes émotions dont sa sévère muse fit tressaillir tant de fois la scène française :

« Aucun fiel n'a jamais empoisonné ma plume. »

Ces sentiments guidèrent M. de Jussieu dans les diverses fonctions que lui confia le gouvernement parlementaire qu'il avait appelé de ses vœux, et qui garda ses inviolables sympathies.

Il a administré les départements de la Vienne, de la Mayenne, de l'Ain, siégé au Conseil d'État, et occupé le poste de Directeur général de la police du Royaume, sous le ministère et à côté de M. de Montalivet, qui l'honorait d'une ancienne amitié.

Il ne m'appartient pas de faire de la politique : ce n'est ni à l'Académie, ni en présence d'une tombe qu'on s'expose à réveiller des souvenirs de parti. Mais j'ai le droit de dire que dans ces missions diverses, remplies même dans les provinces les plus agitées par les passions du temps, il ne se départit jamais de cet esprit de conciliation qui faisait le fond de son caractère et le secret de son ascendant.

Je ne puis oublier surtout que, dans l'emploi si délicat, qui le mettait à la tête de la haute surveillance de la police française, il sut garder l'estime de tous, conquérir l'affection particulière du jeune duc d'Orléans et mériter la confiance du Roi.

Toutefois, sa situation privée fut loin d'être aussi heureuse : on a parlé d'imprévoyance et d'entraînement, mais le juste renom de sa parfaite loyauté demeura inaltérable. On le plaignit d'autant plus qu'il ne se plaignit point : jamais on ne l'entendit récriminer contre personne, et il sut accepter en silence les disgrâces de la fortune qui amenèrent sa retraite.

Les jours de cette retraite furent laborieux et souvent difficiles. Je l'ai vu, à Nice, surmontant les embarras d'une situation précaire, ouvrir avec un véritable éclat un cours de littérature française, et ravir par ses paroles cet auditoire d'élite, que la colonie privilégiée des hivers européens emprunte à toutes les notabilités de l'univers.

Il revint enfin dans sa ville natale, s'asseoir au foyer d'une sœur dont la charité et la piété ont élevé la situation modeste au niveau des plus éminentes bienfaitrices de notre ville. C'est dans cet asile béni, où il avait enfin trouvé le repos, qu'il sentit se ranimer avec ferveur les principes de foi que les années d'orages n'avaient pu déraciner de son âme. Il aimait à les vivifier aux pieds de la divine Protectrice de la cité, que sa famille avait toujours entourée d'un culte héréditaire.

Ces sentiments religieux rafraîchissaient son cœur et ils inspirèrent plus d'une fois ses écrits.

C'est alors que je l'ai intimément connu. Je l'avais entrevu dans la vie publique, mais les jours de la retraite me rapprochèrent instinctivement de lui.

J'aimais à lui dire mes pensées, à lui communiquer mes manuscrits ; et il payait cette confiance par de précieuses lumières et un plus précieux dévoûment.

Je lui ai dû de sages conseils, d'heureuses inspirations, et un concours plus actif encore, quand mes écrits consacrés à la défense du Saint-Siége rencontraient ses plus chères sympathies. Mais sa modestie désintéressée, satisfaite d'avoir aidé à cette grande cause, s'appliquait à effacer jusqu'aux moindres traces de son travail.

Je me plais à la rappeler devant vous : c'est un besoin pour une ancienne amitié, un devoir envers une noble mémoire.

Sa renommée littéraire peut se passer d'ailleurs de ces révélations posthumes. Pour ne parler que de ses productions récentes, il vous en a lui-même présenté deux, courtes il est vrai par leur étendue, mais destinées à durer.

La première est intitulée : *Méditations de la raison et de la foi.*

La ferme élévation des pensées y répond à la généreuse ardeur des élans. On y respire je ne sais quoi de grandiose et de suave, de mélancolique et de consolant qui donne l'essor aux élans de l'âme et verse un baume sur ses blessures. On comprend que l'auteur a vu de mauvais jours ; on y ressent comme un tressaillement intime et profond qui, à travers les horizons de la sérénité chrétienne, laisse apercevoir encore les traces de la tempête. Cet ouvrage lui a valu le suffrage du P. Gratry, la haute approbation du P. Lacordaire et les félicitations de plusieurs éminents prélats qui l'ont loué, à l'envi, dans les termes les plus flatteurs. De grands maîtres n'ont pas hésité à voir dans ce petit volume un vrai trésor caché qui, malgré sa forme modeste, rappelle la hauteur des *Pensées de Pascal*.

C'est qu'en effet, il répond dignement à son titre, comme son titre répond aux préoccupations du temps. L'alliance de la religion et de la philosophie est le premier besoin du présent, la plus ferme garantie de l'avenir. Aussi, les patriarches de la science, les plus glorieux vétérans de notre armée, les plus illustres consulaires de la politique et des lettres, l'élite de cette brillante jeunesse qui monte en ce moment sur la scène du monde, tous se groupent autour de ce drapeau tutélaire qui unit les principes des siècles avec les progrès du siècle. Et tous le déploient, le front haut, avec cette calme et inébranlable énergie qui semble destinée à remplacer le respect humain par le respect de Dieu. Tous cimentent par leurs efforts cette admirable alliance de la science et de la foi, qui paraît communiquer à toutes deux une puissance nouvelle. La science prête à la foi ses merveilles électriques pour la propager aux extrémités du monde ; la foi prête ses ailes à la science pour l'élever jusqu'aux cieux.

Jussieu ne s'était pas contenté de s'associer à cet élan par ses méditations philosophiques, il voulait que la poésie lui payât aussi son tribut, et il écrivit en vers un *Chant additionnel au Paradis perdu*.

Le titre paraît ambitieux ; comment se croire le droit de compléter l'œuvre immortelle qui fait l'orgueil de l'Angleterre ? Mais quand on a lu ce charmant essai, on juge que le génie si sombre, et à la fois si attrayant, du poète épique de la Grande-Bretagne, n'eût pas dédaigné d'accorder un sourire à son gracieux continuateur. On ne peut trouver des fleurs plus parfumées, des couleurs plus délicates que ce délicieux tableau de la nature vierge encore et si resplendissante même après les jours de l'Eden.

L'idée de cet épisode des temps primitifs appartient bien plus aux riantes fictions de la poésie qu'à la sévérité des définitions théologiques, mais elle a paru à tous aussi ingénieuse que touchante. L'auteur raconte que nos premiers parents, chassés pour leur désobéissance du Paradis terrestre, se promenaient dans le domaine mortel, dont leurs sueurs devaient désormais acheter l'empire, et s'y consolaient par la prière au Très-Haut, l'attente du Rédempteur et les douceurs de leur mutuelle tendresse.

Il leur restait la foi, l'espérance et l'amour. C'était presque le Paradis retrouvé. Aussi Satan, jaloux de cette félicité renaissante, indigné de voir son récent triomphe frappé d'une stérilité inattendue, envoie le plus séduisant de ses anges pour rompre cette union conjugale, semer la discorde et ramener le désespoir.

Le messager infernal est chargé d'offrir séparément à chacun des époux de rentrer en grâce auprès de l'Eternel en sacrifiant le compagnon de sa vie. La double tentative échoue : la force et la grâce restent également fidèles. Point de gloire sans elle, s'est écrié l'un ; point de bonheur sans lui, a murmuré l'autre. Alessiel (c'est le nom de l'ange) est ému lui-même de cette émulation généreuse. Il est bien l'ambassadeur de Satan, mais le rayon divin de ses splendeurs premières n'a pu s'éteindre encore sous les cendres maudites ; c'est un ange « tombé, qui se souvient des cieux. »

Il sent renaître ses premières ardeurs, félicite les époux fidèles, les exhorte à espérer en Dieu, et va reprendre le chemin des Enfers, certain d'y trouver leur monarque et ses terribles vengeances. Mais l'archange Michel descend des demeures célestes, enveloppe Alessiel dans un nuage d'or, et le porte sur ses ailes de feu jusqu'aux pieds du trône de l'Éternel. Le Tout-Puissant laisse tomber le pardon sur ce fils chéri de sa création primitive, et lui rend sa place au milieu des Chœurs séraphiques, qui acccueillent ce frère ressuscité, par le transport de leurs plus harmonieux concerts.

Le poète achève cette émouvante peinture, par ce vers, magnifiquement chrétien, qui résume d'un seul trait la pensée dominante de l'œuvre tout entière :

Les pardons du Très-Haut sont les fêtes des cieux.

Au surplus, les pensées qui animaient Jussieu, sa sensibilité, sa modestie, son goût du beau et de l'antique, tout son caractère enfin se
trouve révélé par un court passage que je ne puis résister au plaisir de
citer, et qui termine la dédicace de l'œuvre à Jean-Jacques Ampère.
Ampère, Jussieu, tous deux amis, comme leurs pères, tous deux
unis, il y a deux ans à peine, par ce poétique souvenir, et tous deux
aujourd'hui dans l'éternité....

Voici ce passage :

« Un jour, nous étions assis sur la plate-forme de Saint-Onuphre, au
dessous de la chambre où le Tasse exhala ses dernières paroles et son
dernier soupir. Quel tableau ! Rome entière à nos pieds ; à gauche
Saint-Pierre et le Vatican, Michel-Ange et Raphaël ; devant nous, dans
la brume lointaine le Soracte, et sur un plan plus rapproché, les mon-
tagnes de Tivoli et d'Albano. C'était l'heure où ce merveilleux horizon
semble revêtir la pourpre romaine. Emu jusqu'au fond de l'âme, je
vous fis la confidence que j'avais essayé le langage de la poésie, dont le
premier, dans notre adolescence, vous m'aviez appris tout le charme ;
je vous lus des vers. Je tiens à rappeler, car c'est mon excuse, que vous
m'engageâtes à les publier. Je l'ai fait, timidement d'abord, et seule-
ment pour mes amis. L'épreuve n'a pas été défavorable. Nos maîtres
dans la critique moderne, M. Cuvillier-Fleury, M. Armand de Pont-
martin, d'autres encore que je remercie également de leur indulgence,
ont assez bien parlé de cet essai, pour que je me décide à le livrer aujourd'hui au public. Mais j'éprouve le besoin de le placer sous votre
patronage, en le dédiant à votre vieille amitié. Que voulez-vous, on
n'est pas académicien, sans courir quelques risques ? »

Tels étaient les délassements littéraires qu'Alexis de Jussieu mêlait à
des occupations laborieuses, qu'il recherchait avec l'empressement d'un
noble cœur, fait pour comprendre les nécessités et les devoirs de sa
situation.

Enfin, de meilleurs jours semblèrent luire sur son automne : il avait
gardé le cœur et l'esprit de sa jeunesse. Une femme distinguée voulut
s'associer à sa destinée, et lui donna sa main. Elle sut le comprendre
et se dévouer à lui sans réserve. Mai ces instants de bonheur mutuel

furent courts : une attaque, suite d'un accident, frappa M. de Jussieu dans le cours de l'année dernière, et amena une paralysie croissante, dont les soins de la tendresse conjugale et les secours de la médecine ne purent que retarder la triste issue. C'était un navrant spectacle de voir cette belle intelligence s'affaisser avec sa santé, par une décadence rapide ; au milieu de ses défaillances, il vivait encore par le cœur, et quand je le vis ce printemps, à Paris, il me rappelait avec émotion nos communs épanchements d'autrefois, mais il était écrit que ces dernières espérances deviendraient vaines. Le mal fit d'effrayants progrès : la Religion, qui avait adouci ses épreuves, vint consoler son agonie ; et, après avoir reçu plusieurs fois les sacrements de l'Eglise, il s'éteignit à Beauvernay, le 25 octobre dernier.

Cette mort prévue, et pourtant prématurée, causa une tristesse générale. Jussieu n'avait pas d'ennemis : il avait épuisé toutes les amertumes de la vie, mais il ne fit jamais déborder le calice sur personne. Ses amis sentirent tout le vide qui venait de s'ouvrir devant eux. Ceux qui l'avaient à peine connu lui accordèrent leurs regrets. Il méritait toutes ces sympathies. On se rappellera longtemps ce type attrayant de sensibilité délicate, de grâce naturelle, de goût exquis, d'inaltérable modération pour les hommes et pour les choses. Rien ne surpassera le charme de son commerce, la distinction de ses manières, la piquante expansion de ses entretiens, la finesse affectueuse et presque inimitable de sa correspondance épistolaire ; cet esprit si réservé et si soudain qui savait attendre qu'on le cherchât, et ne se faisait jamais attendre dès qu'on lui avait fait appel ; ce je ne sais quoi enfin d'attachant, de doux et d'animé qui plaît à tous, sans y viser, qu'on aime sans le savoir, et dont on ne sent bien le prix qu'après l'avoir perdu.

Pour moi, je n'oublierai jamais la place qu'a occupée dans ces récentes années de ma vie, ce cœur vraiment dévoué qui, par un penchant rare et privilégié, aimait à se faire le courtisan de la retraite.

Quant à vous, Messieurs, s'il n'eut pas l'honneur de compter dans vos rangs, vos annales gardent de lui une belle page, et au jour qui verra inaugurer la statue d'Ampère, vous n'oublierez pas qu'il concourut avec vous à en poser la première pierre. Vous aimerez à rapprocher ces deux noms que tant de ressemblances, d'origine, de gloire et de sympathies ont unis dans toutes les mémoires, de même qu'une heureuse idée vient de placer le grand mathématicien à côté des grands naturalistes dans les nouveaux médaillons qui semblent inspirer et glorifier tout ensemble la chaire de notre Faculté des sciences.

Vous ne dédaignerez pas d'accorder un souvenir à celui qui fut le meilleur ami des deux Ampère, et vous ne lui refuserez pas une place dans cette pléiade lyonnaise remarquable par cet esprit de foi généreuse, de franchise courtoise et d'aimable simplicité, qui fut le caractère de nos plus grandes illustrations et restera toujours l'honneur de votre Compagnie.

Lyon. — Imp. Pitrat, rue Tupin, 31.